Comme un écrivain indépendant

Blaise Pascal serait webmaster !

Du même auteur*

Certaines œuvres sont connues sous différents titres.

Romans

Le Roman de la Révolution Numérique
La Faute à Souchon : (Le roman du show-biz et de la sagesse)
Quand les familles sans toit sont entrées dans les maisons fermées
Liberté j'ignorais tant de Toi (Libertés d'avant l'an 2000)
Viré, viré, viré, même viré du Rmi !
Ils ne sont pas intervenus (Peut-être un roman autobiographique)

Théâtre

Neuf femmes et la star
Les secrets de maître Pierre, notaire de campagne
Ça magouille aux assurances
Chanteur, écrivain : même cirque
Deux sœurs et un contrôle fiscal
Amour, sud et chansons
Pourquoi est-il venu :
Aventures d'écrivains régionaux
Avant les élections présidentielles
Scènes de campagne, scènes du Quercy
Blaise Pascal serait webmaster
Trois femmes et un Amour
J'avais 25 ans
« Révélations » sur « les apparitions d'Astaffort » Brel Cabrel

Théâtre pour troupes d'enfants

La fille aux 200 doudous
Les filles en profitent
Révélations sur la disparition du père Noël
Le lion l'autruche et le renard,
Mertilou prépare l'été
Nous n'irons plus au restaurant

* extrait du catalogue, voir page 45

Stéphane Ternoise

Blaise Pascal serait webmaster !

Sortie numérique 24 août 2011

Edition revue et actualisée en mars 2014. Disponible en numérique et en papier.

Dans la version papier de *Théâtre peut-être complet,* publiée en janvier 2008, figurait Blaise Pascal serait webmaster !
Cet livre n'est pas la transcription à l'identique de cette pièce publiée en 2008 mais sa version 2011, « revue et corrigée. »

Jean-Luc PETIT Editeur - collection Théâtre

Stéphane Ternoise
versant
dramaturge :

http://www.dramaturge.fr

Tout simplement et logiquement !

Site officiel : http://www.ecrivain.pro

En exergue de Théâtre peut-être complet, figurait une citation de ce cher Blaise Pascal :

La chose la plus importante à toute la vie est le choix du métier : le hasard en dispose.
Blaise Pascal, Pensées 97-634

Quant à la citation essentielle de cette pièce, il s'agit de :

Tout le malheur des hommes vient d'une seule chose, qui est de ne savoir pas demeurer en repos, dans une chambre

Canards du Quercy

Blaise Pascal serait webmaster !

Pièce en deux actes

Distribution : Deux hommes et une femme

Se référant à Blaise Pascal, dont les apparitions nous rappellent ses *pensées*, le narrateur explique comment il en est arrivé à vivre l'aphorisme « *tout le malheur des hommes vient d'une seule chose, qui est de ne savoir pas demeurer en repos, dans une chambre.* » Marjorie, dont le rôle fut essentiel, semble présente, et reprend des phrases prononcées lors des quelques heures de "Grand Bonheur".

Pièce réductible en un homme une femme, en réalisant un enregistrement des interventions de « Blaise Pascal » (ou, à chacune de ses interventions, la scène est plongée dans le noir – d'autres moyens imaginables - et le narrateur tient aussi ce rôle d'une voix métallique, d'outre-tombe)

9

Personnages :

- Un narrateur
et des apparitions :
- Blaise Pascal prononce les phrases extraites de ses *Pensées*
- Marjorie, magnifique et mystique.

Acte 1

Le narrateur :
Pascal, Blaise Pascal, est né le 19 juin 1623 à Clermont-Ferrand. En France donc. Même une personne côtoyée assidûment durant des années, quand on la présente en quelques phrases, on peut être certain qu'elle contestera cette description. Au moins pour nous taquiner ou embêter, suivant le caractère !
Même une personne aimée, avec qui, de la rencontre à la rupture, on a vécu des phases proclamées « bonheur parfait », « harmonie », « accord idéal », même cette personne-là, oser la décrire s'avère une tentative périlleuse.
Quant à Marjorie, quel portrait en dresser ?

Marjorie *(assise par terre, comme au pied d'un arbre, soudain éclairée) :*
Nous ne nous sommes pas croisés par hasard. Pourquoi ? Je l'ignore, tu l'ignores. Acceptons notre ignorance, n'essayons pas de la remplacer par des hypothèses. Et vivons l'instant. Vivons l'éternité de l'instant.

Le narrateur :
Faire revivre ici Blaise Pascal est donc un véritable défi.

(silence)

Même si un peu de l'ADN du Blaise Pascal décédé le 19 août 1662 nous le reconstituait,

ce ne serait jamais le penseur du 17eme siècle. Malade dès l'enfance, Blaise Pascal avait intériorisé l'inévitable brièveté de sa vie. Il est mort à 39 ans.
Mais Blaise Pascal reconstitué serait sauvé par notre médecine ! Notre héros ne saurait être limité par sa constitution physique. On ne meurt plus de fragilité !... En France... Sauf exceptions !
Né en France durant la seconde moitié du 20eme siècle, Blaise Pascal aurait naturellement été imprégné par cette époque, des trente glorieuses au sarkozysme bouillonnant en passant par la gauche utopiste, sa cousine totalitaire et sa consœur caviar. Et nul doute qu'à dix-sept ans, Blaise Pascal aurait défilé dans les rues avec ses condisciples, lors d'une mémorable, forcément mémorable, inoubliable, formidable, inégalable mobilisation contre une inacceptable tentative de réforme, forcément inacceptable, une tentative de réforme de l'Education Nationale.

Marjorie :
Sortir de l'agitation est sûrement la vraie révolution. Une évolution nécessaire.

Le narrateur :
Alors qu'en réalité, à 17 ans, en 1640, Blaise Pascal publiait *Essai pour les coniques*. C'est de la géométrie, les coniques. (*silence*)
Ces difficultés ne sauraient nous décourager. (*silence*)

Si le pari de Pascal est gagné, il nous observe du paradis, et va sûrement s'indigner d'être résumé par un seul aphorisme de ses *Pensées...* Qui plus est, ce n'est pas :

Blaise Pascal, alors invisible, dans l'ombre, est éclairé :
« Il n'y a que deux sortes de personnes qu'on puisse appeler raisonnables : ou ceux qui servent Dieu de tout leur cœur parce qu'ils le connaissent, ou ceux qui le cherchent de tout leur cœur parce qu'ils ne le connaissent pas. »

Le narrateur :
Pour les attentifs auxquels les références sont indispensables, je précise : cette *Pensée* figure au numéro 194 tiret 427 dans la classification usuelle. (*silence*)
Comme les nostalgiques de Blaise Pascal préfèrent l'hypothèse où il nous observe, l'inviter était plus pratique. Je vous présente donc monsieur Blaise Pascal, bien portant malgré ses quelques siècles de paradis. (*silence*) Sous vos applaudissements ! Excusez-moi, je divague ! Et j'en profite pour apprendre aux plus jeunes qu'au XVIIe siècle, la télévision n'existait pas : il est donc possible de vivre sans écran devant les yeux, hé oui les enfants, les ados, les parents, les retraités ! (*silence*)
Le pari de Pascal... Un appel aux incroyants... Vous avez tout à gagner à croire, même à croire par simple pari, alors que vous avez tout à perdre en ne croyant pas. Au grand jeu

de l'éternité possible, les paris sont ouverts !
(*silence*)

Marjorie :
On appelle ça également le paradis des hypocrites ; je crois non par convictions profondes mais en pensant qu'un Dieu pourrait être naïf au point de m'offrir le paradis en échange de ce petit arrangement avec mes véritables convictions, en échange de ce raisonnement présenté juste mais reposant sur un mensonge, la volonté de piéger Dieu s'il existe, de lui soutirer une carte Paradis.

Le narrateur :
Quant à mon Blaise Pascal à moi, c'est un extrait du paragraphe 139, tiret 136, qui me le rend essentiel :

Blaise Pascal :
Tout le malheur des hommes vient d'une seule chose, qui est de ne savoir pas demeurer en repos, dans une chambre.

Le narrateur :
Tout le malheur des hommes vient d'une seule chose, qui est de ne savoir pas demeurer en repos, dans une chambre. (*silence*) La profession de webmaster fut naturellement inconnue de Blaise Pascal.
Il n'a même pas connu la première édition de ses *Pensées*, réalisée par un groupe d'amis huit ans après sa disparition. (*silence*) Le 19 juin 2023, *la Poste* et la majorité d'entre

nous… espérons-le… fêterons le 400eme anniversaire de sa naissance. *La Poste* en émettant un timbre tarif lettres, avec prévente à Clermont-Ferrand où les notables seront de sortie, où VGE, Valéry Giscard d'Estaing, sera peut-être même au fauteuil d'honneur. Le 19 juin 2023, la profession de webmaster sera alors courante, ou dépassée, marginalisée, qui sait. Certes, les officiels de la classification nous ont intimé l'ordre administratif d'utiliser un vocable plus francophone… Webmestre est conseillé mais la sonorité ne me plaît pas. (*silence*) C'est ainsi ! Une question de sonorité !

Marjorie :
Tu me fais sourire, tu sais, t'es attendrissant comme mec…

Le narrateur :
La vie du webmaster est justement de celles à vivre dans une chambre : elle permet de limiter les contacts humains sans toutefois en ignorer l'existence.
Car il faut bien vivre ! Le webmaster d'aujourd'hui, celui exerçant sa surprenante activité dans le silence d'un village épargné par l'industrie, le réseau routier, l'aviation et autres nuisances, le webmaster travaille pour subvenir à ses besoins, le Conseil Général ayant exigé un projet professionnel pour continuer à lui verser son Rmi. C'était avant le RSA. Après l'URSS donc. Durant l'URSSAF quoi !

Marjorie :
EDF, GDF, SDF, SNCF, on s'égare...
Tu vas me croire folle ! J'ai aussi des moments d'insouciance, d'inconscience... Je me refuses de mesurer toute la portée de mes erreurs. Je ne pleure jamais. Mon père est mort quand j'avais 15 ans et je n'ai pas encore pardonné à la vie de nous l'avoir pris, j'ai dû être un père aussi pour mes jeunes frères et sœurs. Je m'égare, tu vois. Je sais que tu pourrais me comprendre, je suis tentée de me laisser submerger par cette possibilité.

Le narrateur :
Certes, comme Blaise Pascal, l'intellectuel précaire peut écrire quelques livres... mais se contentera de les promouvoir via internet, fuyant les endroits claironnés salons du livre, fêtes du livre, foires du livre, lire en fête. Salon, foire ou fête du livre, espace culturel, parc des expositions ou salle des fêtes aménagée avec tables sur tréteaux, où des humains proclamés et souvent autoproclamés écrivains, sont visités par des badauds locaux en quête de figures vues à la télé. Et les badauds comme les voisins font la conversation.
N'oublions jamais...

Blaise Pascal :
On se gâte l'esprit et le sentiment par les conversations.

Le webmaster crée et gère un ou des sites internet. Il a donc la possibilité de promouvoir ses idées. C'était bien l'ambition de Blaise Pascal. Qu'il se rassure, nous n'irons nullement à l'encontre de ses convictions. Même si ce frétillant exposé occultera volontiers le versant apologie de la religion chrétienne de ses *Pensées*.
Attention : notre optique n'est nullement de conseiller aux enfants de rejeter leurs parents, refuser l'école et s'installer devant un écran. Se former est indispensable. Même si, ensuite, naturellement, il faut réaliser un tri salvateur.
Et dans la formation figurent encore inévitablement les conversations.

Blaise Pascal :
Ainsi les bonnes ou les mauvaises le forment ou le gâtent. Il importe donc de bien savoir choisir pour se former et ne point se gâter.

Le narrateur :
Soyons réaliste, évitons toute démagogie : rencontrer un être dont la conversation formera est aussi fréquent que de photographier un Conseiller Général abonné à une bibliothèque pour une raison dénuée d'arrières pensées électorales.
Se former correctement est indispensable et quasiment impossible. En trois siècles nous n'avons guère avancé dans les outils disponibles pour résoudre l'équation de la vie d'avant la vie dans une chambre.

Si la vie dans une chambre est l'objectif d'un être formé, elle serait une prison pour l'être encore sauvage... Employons des expressions surannées !...

Marjorie :
J'aime bien ton vocabulaire. Les mecs ont tellement l'habitude de s'exprimer avec dix-sept onomatopées.

Le narrateur :
J'entends déjà sourdre les commentaires : mais comment ce cher Blaise en est arrivé à cette extrémité ?... Lui demander serait tentant... Mais son contrat est catégorique, lui interdit tout commentaire... « votre rôle sur terre se limitera à réciter les paroles extraites de vos *Pensées.* » Contrat réalisé en trois exemplaires, sur un support inconnu même par nos scientifiques les plus émérites.
À cet instant précis, il convient de poser les *Pensées* et s'intéresser à l'homme... (*silence*)

Marjorie :
Je croyais la communication et la compréhension impossibles entre une fille et un mec. C'était un rêve, une utopie. Nous avons plus discuté en quelques heures qu'une année avec certains.

Le narrateur :
À trente et un ans, un « *grand refus du monde* » succède à une courte période disons « mondaine. » Le 8 décembre 1654, sa sœur, Jacqueline, en informe leur sœur Gilberte et

18

précise « *dégoût presque insupportable de toutes les personnes qui en sont.* » Qui en sont... du « monde », naturellement.

Sur ce sujet du dégoût, observons que la trentaine reste une phase cruciale où la majorité abandonne, se vautre dans la télécratie et autres futilités, alors qu'un petit nombre s'oriente vers une paisible sortie du tunnel (*silence*).

Tout le malheur des hommes vient d'une seule chose, qui est de ne savoir pas demeurer en repos, dans une chambre.
(silence*)

J'ai longtemps médité cet aphorisme. Durant des heures parfois. Et j'adorais le placer. Ça me donnait... « un genre »... J'étais jeune, le physique pas encore détérioré, et à cet âge, quand on n'est pas chanteur ou espoir d'un sport médiatique, on se cherche le plus souvent un rôle susceptible d'aimanter les plus ravissantes demoiselles.

Marjorie :
« C'est ton soutra ?»

Le narrateur :
Me demanda un matin une jeune diplômée en psychologie. J'avais répondu en souriant « on peut dire ça. » En souriant non à cause de sa question ni de ma réponse mais de sa beauté. Comment ai-je pu séduire cette fille ?
Je m'interrogeais encore quand elle avait ajouté :

19

Marjorie :
« Ça ne marche pas ton raisonnement, dans une chambre tu penses immédiatement à faire l'amour. »

Le narrateur :
Alors j'avais improvisé. Sans la convaincre. Un truc du genre : « demeurer en repos », aujourd'hui il écrirait « demeurer en paix » et l'autre n'est pas forcément l'empêcheur de sérénité. « En repos », c'est loin des distractions, loin des bureaucrates, sans télé ni téléphone.
Elle m'avait immédiatement montré la faille :

Marjorie :
Donc seuls les rentiers peuvent se le permettre. Tu comptes hériter ? T'es un fils à papa déguisé en jeune révolté ?

Le narrateur :
C'était au vingtième siècle, et je m'étais avoué vaincu. J'avais pensé : je retournerai donc dans un bureau et nous allons peut-être vivre une simple histoire d'amour classique, ce qu'il est possible de vivre avec le cerveau assiégé de problèmes prétendus vitaux pour une entreprise.
J'œuvrais alors dans le service rédaction des contrats, chez un assureur populaire et néanmoins arnaqueur. Un assureur quoi !

Marjorie :
J'aimerais jouer à la petite souris, te voir avec

des collègues cravatés ! Les tignasses bien massacrées et les cœurs devenus depuis si longtemps aussi palpitants que les fonctions. Et toi, là, qui ignore courir le risque de devenir comme eux ! Pauvre amour, sais-tu comment tu deviendras si tu continues ?

Le narrateur :
C'est indispensable, paraît-il, l'assurance, comme les avocats, les pilotes d'avions, les centrales nucléaires, le pilon pour détruire les livres invendus, les footballeurs, les rugbymans et les télévisions. (*silence*)

Marjorie :
Tu peux ajouter : les armoires, les aspirateurs, le parfum, les diamants, les montres, les portables, les agences de voyages, les dragueurs d'aéroports, la dentelle.

Le narrateur :
Une question me taraudait. Me taraudait l'esprit, oui. Pour éviter d'apparaître trop bizarre... Elle était vraiment superbe et si notre histoire s'avérait limitée par notre condition, je tenais néanmoins à la vivre... cette interrogation me taraudait, j'attendais une petite chute du dialogue pour me précipiter aux toilettes. (*silence*)

Marjorie :
Va et ne reviens pas trop froid !

Le narrateur :
J'ai donc prétexté la nécessité de me rendre
« en bas. » La chambre était située dans la
mezzanine. Facile à visualiser : la mezzanine
en haut, les toilettes en bas, douze marches
d'escalier et avant la minuscule salle d'eau, la
vaste pièce salon bureau salle à manger,
vaste par rapport aux quarante-six mètres
carrés du contrat de location. Et hop, en
passant à côté du bureau, je saisis de la main
droite le dictionnaire.
Quelques pas et me voilà assis presque
confortablement avec *Petit Robert* sur les
genoux. Et je lis :

SOUTRA : mot sanskrit, terme didactique.
Précepte sanskrit, recueil d'aphorismes de ce
genre. (silence)

Guère plus avancé !... Mais plus le temps de
tergiverser... J'entends des pas... Certes,
j'avais eu la bonne idée de fermer le verrou
rouillé. Mais je me sens coincé. Elle va tout
comprendre en me voyant sortir dictionnaire
en main. Je vais encore être ridicule. Oh non !
Pas avec elle ! Soudain l'illumination. Je l'ai
vécue ainsi, comme une véritable illumination,
la pensée qui me vint !... Elle... Je pensais
Elle... N'ayant pas retenu son prénom la veille,
dans le brouhaha de notre rencontre... Elle
n'est pas encore venue aux toilettes !... Si elle
voit le dictionnaire, elle aura sûrement une
réflexion gratifiante. (*silence*)
Ce qui n'a pas manqué quinze minutes plus

tard, alors que nous étions de nouveau tendrement enlacés.

Marjorie :
C'est la première fois que je me retrouve dans une salle de bains avec un dictionnaire.

Le narrateur :
J'avais naturellement préparé une répartie : « tu es plutôt familière des mecs abonnés à *Play Boy ?* »
C'est alors qu'elle m'a confié, dans cet appartement au 22 rue des 3 visages, juste devant l'enseigne lumineuse et affreuse d'un torchon d'annonces payantes distribué gratuitement chaque semaine, même dans ma boîte aux lettres, c'est alors qu'elle m'a confié, tandis qu'il pleuvait à grosses gouttes sur Arras et donc sur le symbolique Lion que nous apercevions via le vasistas de la mezzanine, le Lion surplombant le Beffroi d'Arras :

Marjorie :
Lundi j'entre dans un monastère, trois ans, trois mois et trois jours. J'y réciterai mes soutras à moi, les pensées les plus nobles des grands maîtres spirituels bouddhistes.

Le narrateur :
J'étais K.O. Je devais vraiment avoir une tête d'ahuri ! Elle ajouta :

Marjorie :
C'est la première fois qu'une fille bouddhiste visite ton appartement ?

Le narrateur :
Je peux venir avoir toi ?
Je n'avais rien trouvé d'autre pour rompre le silence.

Marjorie :
C'était ma dernière nuit d'amour... J'espère que tu en as profité autant que moi.

Le narrateur :
Dernière ?!

Marjorie :
Dans trois ans, trois mois et trois jours, tu ne te souviendras peut-être même plus du sourire de la fille un peu bizarroïde croisée un soir dans une boîte enfumée, la fille malgré tout encore très humaine, alors aimantée par ton regard bleu-vert, incapable de passer ses dernières heures conformément à sa première résolution.

Le narrateur :
Je peux t'écrire.

Marjorie :
Oui... Mais inutile... Aucun courrier ne me sera transmis.

Le narrateur :
J'ai le droit de t'attendre ?
Elle m'a fixé quelques secondes. Impression d'être scanné. Et elle a noté une adresse sur la boîte de préservatifs. Nous sommes restés ensemble jusqu'à 20h14. C'était l'heure de

son train. Nous étions passés à son hôtel, prendre une seule valise.

Marjorie :
Une seule valise, c'est bien suffisant, quand on emmène uniquement les choses essentielles. La vie, c'est autre chose.

Le narrateur :
J'ai détaché le bandana noir de mon cou pour le passer autour du sien. Elle a retiré la gourmette de son poignet gauche sans parvenir à la fixer au mien. J'ai un instant pensé l'avoir détournée de sa résolution. Pour la première fois de ma vie, j'ai tremblé de la tête aux pieds en serrant une femme dans mes bras.

Marjorie :
Dans une autre vie, j'aurais pu décider aujourd'hui de fonder une famille. Elles sont étranges, les idées qui me traversent l'esprit. Ne me réponds pas, reste serré contre moi. Si je t'avais simplement précisé : je suis séronégative, je ne prends aucun moyen contraceptif, mon cycle d'ovulation attend un spermatozoïde aujourd'hui, est-ce que tu me l'aurais donné ? Ne réponds pas, reste serré contre moi, nos corps se disent tout. Quand je reviendrai, je te le promets, je te le promets.

Le narrateur :
Ai-je commis l'irréparable erreur de ne pas pouvoir parler ? Nous nous sommes serrés comme il n'est sûrement possible de se serrer

sans se briser que dans ces moments-là. Puis ce fut le dernier geste des mains qui ne peuvent plus se toucher mais s'avancent vers l'autre. Et je me suis assis effondré par terre, voie numéro 3, la tête contre un banc en fer. Et j'ai souri. Peut-être quelqu'un était là, a écouté, silencieux, ma réflexion. Je n'étais plus en état de prêter attention à des voyageurs ou agents de surveillance perplexes. Et qui aurait pu comprendre mes propos ? « Voilà ! Tu t'es mis en situation de confronter ton aphorisme préféré avec la réalité ! »

Blaise Pascal :
Tout le malheur des hommes vient d'une seule chose, qui est de ne savoir pas demeurer en repos, dans une chambre.

Rideau

Acte 2

Le narrateur :
Cette rencontre m'avait donné la force de quitter le Pas-de-Calais, la force de dire non à une petite vie de bureaucrate, à la belle promotion sociale d'un fils d'agriculteur. Trouver une chambre au plus près de son monastère était désormais mon unique ambition.
Mais une première grande difficulté ne tardait pas à me chatouiller les méninges : l'argent. Nul besoin de retourner dans cet appartement où il me semblait inconcevable inacceptable intolérable impossible de rentrer seul, nul besoin de chercher le montant exact au bas de chaque compte... Compte courant et livret A... Rien de plus... Pour savoir que cette addition ne me permettrait jamais d'acheter quoi que ce soit... Et qu'aucun propriétaire ne louerait à un chômeur...

Marjorie :
Je n'ai plus rien. Et je me sens bien.

Le narrateur :
Naturellement, quitter le bureau du petit cadre presque dynamique était impératif... C'est donc gare d'Arras, la tête contre un banc en fer d'un vert majoritairement écaillé, qu'être licencié devint mon premier objectif.
Vu mon ancienneté, pour l'entreprise ce fut une goutte d'eau. Pour moi, c'était... L'océan !... Et j'avais droit aux Assedic !

27

Licenciement finalement facile. Ils ont apprécié mon… « honnêteté »… J'invente pas… C'est le terme du DRH, Directeur des Relations Humaines.

Il avait apprécié mon : « *Je dois partir. Mais ce n'est pas urgent. Alors vous pouvez me payer à glander durant deux ans ou me licencier demain. Je ne suis plus en état de faire quoi que ce soit de rentable pour votre entreprise. En bonne logique économique, me licencier immédiatement est le plus rentable.* » (*silence*)

Vivre de peu devint mon credo. Achats remboursés et petites magouilles. Adieu famille, adieu relations professionnelles, adieu vagues condisciples du week-end. (*silence*) Je suis retourné une fois à Flines-lez-Raches, près de Douai, un lieu nommé « les granges. » Là où nous nous sommes rencontrés. J'ai essayé de revivre la soirée.

Marjorie :
Si je te demande simplement l'heure, tu vas sourire en pensant « elle exagère de me draguer effrontément » ?

Le narrateur :
Mais des larmes ont jailli.

Marjorie :
C'est bizarre, cette sensation de pouvoir t'accorder toute ma confiance.

Le narrateur :
Un type m'a posé une main sur l'épaule, m'a

gueulé « *t'inquiète pas, j'ai connu ça aussi, ça passera…* » Il m'a donné sa bouteille de Jenlain. Quand je me suis retourné, il était parti. Mais sa bouteille dans ma main droite me le confirmait : je n'avais pas rêvé. (*silence*)

Marjorie :
Le plus souvent, sur l'instant, on n'a pas conscience de vivre un grand Bonheur. C'est plus tard, quand il est parti, loin, qu'on emploie le mot bonheur. Je suis en osmose avec toi. Et j'aime ça.

Le narrateur :
Avec l'argent du licenciement j'achetais une maison bicentenaire, en urgence de rénovation. Dans le Quercy, le Quercy blanc, l'extrême sud du Lot. La Dordogne m'étant inaccessible, il m'avait fallu descendre, descendre, jusqu'à cette région alors délaissée. (*silence*) Que faire quand la vie vous condamne à deux ans sept mois et quelques jours dans une maison ?

Marjorie :
Le temps est relatif. Deux heures peuvent être plus pleines qu'une année. Il nous reste deux heures, on peut les passer à ne pas se comprendre ou à s'aimer !

Le narrateur :
Dans une maison où j'étais le premier habitant à plein temps depuis cinq décennies, les précédents propriétaires l'ayant toujours

utilisée comme résidence secondaire. À la mort de l'ancêtre, les enfants, en conflits, ont continué leurs disputes, furent incapables de chercher un accord, ils devaient donc vendre sous six mois. J'étais passé au bon moment !
(*silence*)
Que faire ? Lire *Les Pensées* de Pascal d'abord ! Il était quand même l'une des raisons de ma présence en ces lieux... Et naturellement, lors de ma précédente vie, je m'étais contenté d'un dictionnaire de citations... J'étais un salarié ordinaire... Quelques aspirations à une autre vie... Mais manque de temps, sorties, télévision, copains, copines, apéros et blabla et blabla...
Je dois l'avouer : imprégné de cet aphorisme,

Blaise Pascal :
Tout le malheur des hommes vient d'une seule chose, qui est de ne savoir pas demeurer en repos, dans une chambre.

Le narrateur :
Je m'attendais à mieux !
J'ai quand même recopié quelques lignes :

Blaise Pascal :
Quand on veut reprendre avec utilité, et montrer à un autre qu'il se trompe, il faut observer par quel côté il envisage la chose, car elle est vraie ordinairement de ce côté-là, et lui avouer cette vérité, mais lui faire découvrir le côté par où elle est fausse.

D'où vient qu'un boiteux ne nous irrite pas, et

un esprit boiteux nous irrite ? À cause qu'un boiteux reconnaît que nous allons droit, et qu'un esprit boiteux dit que c'est nous qui boitons.

Les hommes n'ayant pu guérir la mort, la misère, l'ignorance, ils se sont avisés, pour se rendre heureux, de n'y point penser.

Le silence éternel de ces espaces infinis m'effraie.

Celui qui aime quelqu'un à cause de sa beauté, l'aime-t-il ? Non : car la petite vérole, qui tuera la beauté sans tuer la personne, fera qu'il ne l'aimera plus.

Toute la dignité de l'homme consiste en la pensée.

Si nous rêvions toutes les nuits la même chose, elle nous affecterait autant que les objets que nous voyons tous les jours. Et si un artisan était sûr de rêver toutes les nuits, douze heures durant, qu'il est roi, je crois qu'il serait presque aussi heureux qu'un roi qui rêverait toutes les nuits, douze heures durant, qu'il serait artisan.

Le narrateur :
Je rêvais naturellement chaque nuit. Je revivais cette nuit-là.

Marjorie :
C'est merveilleux. Comme si nos êtres étaient en phase. On somnole quelques minutes et au même moment revient le besoin de fusionner.

Le narrateur :
Même de souvenirs, même d'attente, même avec cet enfant qui grandissait dans ma tête, que j'appelais même Sarah, impossible d'être vraiment heureux. Sarah, prénom signifiant princesse. Je me sentais comme un passager sur un bateau à voiles, dans l'attente d'arriver au port. Une poussière à la merci d'une bourrasque.

Dans la situation aussi d'un marginal observé par les braves gens... Vous savez bien... Ceux qui n'aiment pas, mais alors pas du tout, « *qu'on suive une autre route qu'eux.* » Un marginal surnommé « le glandeur », « le fainéant », « le magouilleur », « le cas social » par les artisans, retraités et bigotes du coin. Sûrement d'autres surnoms... Mais jamais prononcés devant mes fenêtres ouvertes !... (*silence*)

Marjorie :
Je suis une fille étrange. On a voulu m'imposer un chemin. Depuis je brandis la pancarte « mon libre arbitre » à chaque conseil. Je ne sais pas vivre une confiance réciproque. J'ai peur d'être trahie... alors je trahis. J'ai besoin de trouver ma voie.

Le narrateur :
Encore jeune et toujours seul. Un solitaire ? Un malade ? Un bandit planqué ? Les gendarmes passaient régulièrement, ralentissaient devant les trois palettes ficelées en guise de portail, scrutaient.

Marjorie :
La pauvreté, le dénuement, nous rapprochent de l'Essentiel.

Le narrateur :
Naturellement, trois ans trois mois et trois jours après cette fondamentale rencontre séparation, j'étais en Dordogne. Je me trouvais vieilli, me demandais si Marjorie allait me reconnaître. Qu'allait-elle penser ? Je la connaissais finalement si peu. Tellement idéalisée. Pourquoi avait-elle décidé cette « retraite » ? Des centaines de proches attendaient la sortie des reclus. Deux heures plus tard, j'étais seul devant un moine. Il me sourit. Je le questionnais d'un simple « *bonjour, j'attends Marjorie.* » Sa réponse me figea, je n'osais en demander plus : « *oui, je sais.* » Il sortit du rebord de sa manche gauche une lettre, me la tendit. J'ai réalisé son départ quand je l'ai eue lue pour la cinquième fois, cette lettre.

Marjorie :

Stéphane,

Personne ne me dira si tu es venu. Pourtant une intuition me persuade que tu liras cette lettre. Je ne t'ai donc pas oublié !
Mais j'ai trouvé ce que je sentais, l'essence derrière les apparences, un monde supra-intellectuel, radicalement inconciliable avec l'Occident actuel.

Je n'ai donc plus aucune raison de retourner dehors.

La sérénité est possible. Tu l'effleureras peut-être avec l'aide de Pascal. Et d'autres. N'hésite jamais à te laisser contredire par la pensée des autres.

Quand je pense à toi, je t'imagine dans une chambre, serein.

Cette pensée est agréable.

L'équilibre du monde passe par le notre.

Si tu laisses un mot, il me sera remis... uniquement si je décide de sortir.

Naturellement, je suis libre de sortir. Mais seul un séisme intérieur pourrait me convaincre.

Avec mon meilleur souvenir.

Harmonie, Lumière, Sérénité,

Marjorie.

Le narrateur :

Comme points positifs, j'en trouvais deux : j'étais le seul à l'attendre et cette lettre m'était bien adressée. (*silence*)

Durant quelques jours j'errais autour du monastère, dormant recroquevillé sur les banquettes avant de ma 205 diesel color line déjà vieille. Et j'ai naturellement laissé une réponse. Hésitation : entre les vingt-cinq pages de l'envie et les quelques lignes de la raison. (*silence*)

Quelques lignes, c'était suffisant... J'avais bien lu !... Cette lettre ne pourrait produire le moindre séisme, elle ne serait lue qu'en cas de sortie.

Marjorie d'Amour,

Je t'attends à quelques dizaines de kilomètres. C'est une maison. Je vis presque uniquement dans une chambre. Et quand même un petit terrain entouré de buis.
J'espère naturellement ta venue… avant d'être un vieil ascète chauve, édenté.
J'ose, comme dans mes rêves, t'embrasser. Je t'aime. Comme au premier jour, comme au plus beau des jours.

Stéphane

Et j'avais ajouté l'adresse. (*silence*)

Marjorie :
C'est quoi, une vie ? Nous avons la possibilité de nous questionner et pourtant nous laissons des distractions nous submerger. C'est quoi, une vie ? Tout, ça c'est certain. Et j'ai perdu tellement de jours pour rien, pour des illusions, des erreurs d'appréciation. Et je n'ai su qu'ajouter : désolée, je suis désolée.

Le narrateur :
Quelques jours plus tard, la réalité sociale me rattrapait à son tour. Il me fallait suivre une formation ou présenter un projet concret.

J'étais passé de la tranquillité « fin de droit en Allocations de Solidarité Spécifique » à la pression mise sur le Rmiste. J'ai demandé une aide financière pour acheter un ordinateur. Ce formulaire en trois exemplaires eut au moins l'avantage de constituer un dossier pour les services concernés. Donc de m'octroyer deux mois supplémentaires.

Naturellement cette demande même pas pistonnée fut refusée. L'ordinateur n'est pas un outil utile pour une recherche d'emploi. J'avais entendu parler d'internet à la radio, sur *France-Inter*... Et comme c'était la seule véritable nouveauté de l'époque... Au moins un créneau non balisé par les instituts de formations ! Non, vous ne me verrez pas en formatage professionnel ! (*silence*) Un an plus tard, j'avais acheté un ordinateur, confectionné un petit site chez un hébergeur gratuit et je cherchais le moyen d'acheter un nom de domaine ailleurs que chez France Telecom... Etre webmaster d'accord... Mais pas débuter en se laissant matraquer, en claquant deux Rmi pour un nom de domaine facturé six dollars aux Etats-Unis.

Marjorie :

Je n'ai pas envie de participer à un système profondément malsain. Je refuse de jouer à un jeu truqué. Je n'irai jamais défiler avec des fonctionnaires qui ont passé un concours pour être recrutés, comme s'ils ignoraient où leur contrat les conduirait. Je sais, ma position n'est pas tenable à long terme, comme la tienne si tu refusais ton assureur. Je suis une utopiste, donc condamnée, sauf si j'accepte d'en payer le prix, de mon insoumission.

Le narrateur :
Mes ennuis administratifs se précisaient. Les menaces de suspension du revenu minimum pleuvaient. Avec l'injonction de revoir le référant pour un nouveau dossier... Le dossier présenté ne pouvant être validé par la commission. Projet non cohérent. Je ne fournissais aucun budget prévisionnel, ni modèles économiques !
Je n'avais même pas sollicité les marchés financiers, le capital risque... C'était l'époque désormais connue sous le nom « bulle spéculative internet », où quelques baratineurs avec une vague idée se sont retrouvés à la tête du budget de toute une vie pour je ne sais combien de rmistes. Baratineurs bien en phase avec les réalités de ce pays : les commissions ont besoin de paperasses. Avec graphiques, coefficients de croissance, plan média, certitudes.
Ces contacts sociaux incrustaient en moi la véracité de l'aphorisme pascalien :

Blaise Pascal :
Tout le malheur des hommes vient d'une seule chose, qui est de ne savoir pas demeurer en repos, dans une chambre.

Marjorie :
« *Tu pourras jamais tout quitter, t'en aller, tais-toi et rame.* »

Le narrateur :
Marjorie m'avait fredonné du Souchon en réponse à mes explications pascaliennes. (*silence*) Je n'avais plus le choix ! Il me fallait vivre grâce à internet !
Je relisais *Les pensées...*

Blaise Pascal :
Nous ne sommes que mensonge, duplicité, contrariété, et nous cachons et nous déguisons à nous-mêmes.

Les choses du monde les plus déraisonnables deviennent les plus raisonnables à cause du dérèglement des hommes.

La chose la plus importante à toute la vie est le choix du métier : le hasard en dispose.

Le narrateur :
Quelques années plus tôt, devenir webmaster aurait été aussi impossible qu'astronaute pour Blaise Pascal.
Le choix du métier, le hasard en dispose, certes. Mais la direction nous appartient... À certaines époques, dans certains pays.
(*silence*)
La direction : devenir une forme de philosophe du net !

Marjorie :
Tu voudrais faire quoi de ta vie ? À part Amoureux ?

Le narrateur :
Philosophe sans chemise blanche télégénique mais philosophe aux sources de la philosophie.

Vivre simplement, vivre retiré, en Pascalien digne d'Epicure, recevant chaque mois quelques virements sur son compte bancaire, en contrepartie des publicités présentes sur les sites, argent le plus souvent en provenance des Etats-Unis... La France ayant naturellement un temps de retard quand il s'agit de laisser aux citoyens le choix de vivre dignement, librement.

Vivre de peu... Et même désormais sans le recours au Rmi, ayant laissé le Président du Conseil Général suspendre définitivement les allocations et... Le dossier doit s'être perdu depuis... Non ! Ils n'ont pas viré le réfractaire aux contrôles et au suivi administratif... Seulement suspendu ! Ils sont humains... Ils sont... Socialistes ! (*silence*)

Marjorie :
Ces gens-là n'existent pas pour nous. Ils ont choisi de vivre avec un masque, ils sont condamnés à le porter.

Le narrateur :
Pascal m'avait conduit à Epictète, Epictète me présentait Sénèque, Epicure, Marc-Aurèle. J'étais alors mûr pour l'ensemble de la philosophie antique, dont la figure du sage idéal, monsieur Socrate immortalisé par son disciple Platon.

En parallèle, je lisais naturellement des textes bouddhistes. Et ce fut la révélation : l'idéal du Sage, de la philosophie vécue, et non simple discours scolaire ou mondain, le Sage antique est comme un frère jumeau du Bouddhiste réalisé.

L'Occident et l'Orient ont donc, bien avant l'idéal du sur-consommateur, connu une époque où la vie présentait un idéal similaire, et respectable.

Peu importe la porte d'entrée. Pour moi, ce fut donc Blaise Pascal. Peu importe, nous pouvons vivre dignement.

Ce que l'histoire appellera peut-être la sagesse du webmaster.

Ainsi parlait Zarathoustra (*il éclate de rire*).

J'ai confondu !

Ainsi s'exprime le webmaster sur l'un de ses sites.

(*silence*)

Les messages opposés à cette approche se multiplient, la bonne porte serait ailleurs, unique, incontestable, pour Jean c'est Jésus, pour Amina c'est Mohamed, David se réfère à Moïse. Je laisse le débat tourner en rond, j'essaye de rester en conformité avec une notion de dignité sûrement inacceptable, intemporelle donc anachronique.

Marjorie :
Chaque chemin est unique. Et ceux qui veulent suivre des chemins écrits par d'autres

ratent leur vie. De toute manière, combien de celles et ceux qui veulent nous imposer de croire en leur croyance, vivent en conformité avec elle ? Que la femme qui a trahi ne vienne plus nous parler de dignité. Si elle aime, qu'elle ose vivre son Amour, qu'elle le laisse devenir un Amour absolu, au dessus de tout, plus fort que tout. Parfois tu pourrais croire que je divague mais ton regard me va droit au cœur.

Le narrateur :
Je sais, je pourrais moi aussi entrer trois ans trois mois et trois jours au monastère. Rien ne me retient vraiment dehors. Je pourrais même y entrer officiellement dans ce but tout en sachant en sortir après une conversation avec Marjorie. Mais je ne le fais pas. Et je ne le ferai sûrement jamais. Je ne m'en sens pas le droit. Les stoïciens m'ont appris à toujours distinguer ce qui dépend de soi d'avec le reste. Je n'ai pas à m'imposer à Marjorie. Parfois aussi, et c'est douloureux, je l'imagine dans les bras d'un autre converti. Parfois, je doute : est-elle vraiment mon âme sœur ou une forme de providence passée dans ma vie pour me rappeler l'essentiel ? Deux âmes sœurs feraient tout pour se voir ? Pour vivre cette chance de s'être rencontrés ? Ces questions centrales de ma vie, ne sont pas abordées sur les sites. Internet n'est qu'une image de la réalité. Comme tout média, Internet répond aux critères de la mise en scène. Même si vous croyez tout savoir en

lisant mon blog ! La sagesse du webmaster, c'est aussi de ne pas se bercer d'illusions sur un monde numérique idéal. Ici comme ailleurs l'art permet de transcender certaines douleurs.

Rideau - Fin

La fête des webmasters...

Suite à cette pièce, j'ai lancé en 2006 une fête pour les webmasters, la fête des webmasters :
http://www.lafetedeswebmasters.com
Elle n'a pas réussi à obtenir un dixième de l'audience de la fête des grands-mères.

Cette fête devrait se dérouler le 17 mai, le jour de la Saint Pascal.

Pour mémoire, Blaise Pascal est né le 19 juin 1623 à Clermont en Auvergne et il est décédé le 19 août 1662 à Paris.

Blaise Pascal fut un Mathématicien de premier ordre, créant deux nouveaux champs de recherche majeurs :
Le traité de géométrie projective et avec Pierre de Fermat la théorie des probabilités, qui influencera fortement les théories économiques modernes et les sciences sociales.

Blaise Pascal, à dix-huit ans, a construit la Pascaline, une machine à calculer capable d'effectuer des additions et des soustractions. Il souhaitait simplement aider son père dans son travail.

Fin 1654, il délaissa les mathématiques et la physique pour se consacrer à la réflexion philosophique et religieuse : il venait de connaître une expérience prétendue mystique : lors d'un accident sur le pont de Neuilly, ses chevaux plongent par-dessus le parapet, l'attelage se rompt et la voiture reste en équilibre sur le bord du pont ; Pascal et ses amis sortent, mais le philosophe, hypersensible, terrifié par la proximité de la mort, s'évanouit et reste inconscient ; quand il revient à lui seulement quinze jours plus tard, le 23 novembre 1654, entre dix heures et demi et minuit et demie, il a une intense vision religieuse qu'il écrit immédiatement "*le Mémorial en littérature*", débutant par : « *Feu. Dieu d'Abraham, Dieu d'Isaac, Dieu de Jacob, pas des philosophes ni des savants...* » et se concluant par une citation du Psaume 119,16 : « *Je n'oublierai pas ces mots. Amen.* »

Il écrivit ensuite les Provinciales et les Pensées.

Stéphane Ternoise

Stéphane Ternoise est né en 1968. Il publie depuis 1991. Il est depuis son premier livre éditeur indépendant.

Dès 2004, il a proposé des livres numériques, en PDF. Mais c'est en 2011 seulement que les ventes dématérialisées ont démarré. Son catalogue numérique (depuis mi 2011 distribué par Immateriel) a ainsi rapidement dépassé celui du papier, grâce à des essais, des livres de photos... tout en continuant la lente écriture dans les domaines du théâtre et du roman. Depuis octobre 2013, et son « identifiant fiscal aux États-Unis », son catalogue papier tend à rattraper celui en pixels.
http://www.livrepapier.com ou
http://www.livrepixels.com

Il convient donc, de nouveau, d'aborder l'auteur sous le biais de l'œuvre. Ainsi, pour vous y retrouver, http://www.ecrivain.pro essaye de fournir une vue globale. Et chaque domaine bénéficie de sites au nom approprié :
http://www.romancier.net
http://www.dramaturge.net
http://www.essayiste.net

http://www.lotois.fr

Vous pouvez légitimement vous demander pourquoi un auteur avec un tel catalogue ne bénéficie d'aucune visibilité dans les médias traditionnels. L'écriture est une chose, se faire des amis utiles une autre !

Catalogue (le plus souvent en papier et numérique, parfois uniquement les pixels, le travail de mise en page papier demandant plus de temps que d'heures disponibles)

Romans : (http://www.romancier.net)
Le Roman de la révolution numérique.
Ils ne sont pas intervenus (le livre des conséquences) également en version numérique sous le titre *Peut-être un roman autobiographique*
La Faute à Souchon ? également sous le titre **Le roman du show-biz et de la sagesse (Même les dolmens se brisent)**
Liberté, j'ignorais tant de Toi également sous le titre Libertés d'avant l'an 2000)
Viré, viré, viré, même viré du Rmi
Quand les familles sans toit sont entrées dans les maisons fermées

Théâtre : (http://www.theatre.wf)
Théâtre pour femmes
Théâtre peut-être complet
La baguette magique et les philosophes
Quatre ou cinq femmes attendent la star
Avant les élections présidentielles
Les secrets de maître Pierre, notaire de campagne
Deux sœurs et un contrôle fiscal
Ça magouille aux assurances
Pourquoi est-il venu ?
Amour, sud et chansons
Blaise Pascal serait webmaster
Aventures d'écrivains régionaux
Trois femmes et un amour
La fille aux 200 doudous et autres pièces de théâtre pour enfants
« Révélations » sur « les apparitions d'Astaffort » Brel / Cabrel (les secrets de la grotte Mariette)

Photos : (http://www.france.wf)
Montcuq, le village lotois
Cahors, des pierres et des hommes. Photos et commentaires
Limogne-en-Quercy Calvignac la route des dolmens et gariottes
Saint-Cirq-Lapopie, le plus beau village de France ?
Saillac village du Lot
Limogne-en-Quercy cinq monuments historiques cinq dolmens
Beauregard, Dolmens Gariottes Château de Marsa et autres merveilles lotoises
Villeneuve-sur-Lot, des monuments historiques, un salon du livre... -Photos, histoires et opinions
Henri Martin du musée Henri-Martin de Cahors - Avec visite de Labastide-du-Vert et Saint-Cirq-Lapopie sur les traces du peintre
L'église romane de Rouillac à Montcuq et sa voisine oubliée, à découvrir - Les fresques de Rouillac, Touffailles et Saint-Félix

Livres d'artiste (http://www.quercy.pro)
Quercy : l'harmonie du hasard
Lot, livre d'art
Jésus, du Quercy
Les pommes de décembre
La beauté des éoliennes

Essais : (http://www.essayiste.net)
Le manifeste de l'auto-édition - Manifeste politico-littéraire pour la reconnaissance des écrivains indépendants et une saine concurrence entre les différentes formes d'édition
Écrivains, réveillez-vous ? - La loi 2012-287 du 1er mars 2012 et autres somnifères
Le livre numérique, fils de l'auto-édition
Aurélie Filippetti, Antoine Gallimard et les subventions contre l'auto-édition - Les coulisses de l'édition française révélées aux lectrices, lecteurs et jeunes écrivains
Réponses à monsieur Frédéric Beigbeder au sujet du Livre Numérique (Écrivains= moutons tondus ?)

Comment devenir écrivain ? Être écrivain ? (Écrire est-ce un vrai métier ? Une vocation ? Quelle formation ?...)
Amour - état du sentiment et perspectives
Le guide de l'auto-édition numérique en France (Publier et vendre des ebooks en autopublication)
Copie privée, droit de prêt en bibliothèque : vous payez, nous ne touchons pas un centime - Quand la France organise la marginalisation des écrivains indépendants

Chansons : (http://www.parolier.info)
Chansons trop éloignées des normes industrielles
Chansons vertes et autres textes engagés
Chansons d'avant l'an 2000
Parodies de chansons - De Renaud à Cabrel En passant par Cloclo et Jacques Brel

En chti : (http://www.chti.es)
Canchons et cafougnettes (Ternoise chti)
Elle tiote aux deux chints doudous (théâtre)

Politique : (http://www.commentaire.info)
Ce François Hollande qui peut encore gagner le 6 mai 2012 ne le mérite pas
Nicolas Sarkozy : sketchs et Parodies de chansons
Bernadette et Jacques Chirac vus du Lot - Chansons théâtre textes lotois
Affaire Ségolène Royal - Olivier Falorni Ce qu'il faut en retenir pour l'Histoire - Un écrivain engagé, un observateur indépendant
François Fillon, persuadé qu'il aurait battu François Hollande en 2012, qu'il le battra en 2017

Notre vie (http://www.morts.info)
La trahison des morts : les concessions à perpétuité discrètement récupérées - Cahors, à l'ombre des remparts médiévaux, les vieux morts doivent laisser la place aux jeunes...

Cahors : Adèle et Marie Borie contre Jean-Marc Vayssouze-Faure - Appel à une mobilisation locale et nationale pour sauver les soeurs Borie...

Jeux de société

http://www.lejeudespistescyclables.com

La France des pistes cyclables - Fabriquer un jeu de société pour enfants de 8 à 108 ans

Le bon chemin pour Saint-Jacques-de-Compostelle

Autres :

La disparition du père Noël et autres contes

J'écris aussi des sketchs

Vive les poules municipales... et les poulets municipaux - Réduire le volume des déchets alimentaires et manger des oeufs de qualité

Œuvres traduites :

La fille aux 200 doudous :
- *The Teddy (Bear) Whisperer* (Kate-Marie Glover) - Das Mädchen mit den 200 Schmusetieren (Jeanne Meurtin)
- Le lion l'autruche et le renard :
- How the fox got his cunning (Kate-Marie Glover)

- Mertilou prépare l'été :
- The Blackbird's Secret (Kate-Marie Glover)

- *La fille aux 200 doudous et autres pièces de théâtre pour enfants (les 6 pièces)*
- La niña de los 200 peluches y otras obras de teatro para niños (María del Carmen Pulido Cortijo)

Vivre de peu,
et même moins
Vivre de ses produits... Tenir...

Blaise Pascal serait webmaster !

Dépôt légal à la publication au format ebook du 27 mai 2011.

Imprimé par CreateSpace, An Amazon.com Company pour le compte de l'auteur-éditeur indépendant.
livrepapier.com

EAN 9782365415361
ISBN 978-2-36541-536-1
Blaise Pascal serait webmaster ! de Stéphane Ternoise
© Jean-Luc PETIT - BP 17 - 46800 Montcuq -